# NOTICE HISTORIQUE

SUR LE

# PONT DE BATTANT
## DE BESANÇON,

PAR

**S.-E. HYENNE,**

EMPLOYÉ SECONDAIRE DE 1re CLASSE DES PONTS ET CHAUSSÉES,
LAURÉAT DU CONCOURS D'HISTOIRE DE L'ACADÉMIE DE BESANÇON.

BESANÇON,
IMPRIMERIE DE J. JACQUIN,
Grande-Rue, 14.

BESANÇON,
E. SAINTE-AGATHE, LIBRAIRE-PAPETIER,
Grande-Rue, 81.

1867.

# NOTICE HISTORIQUE
# SUR LE PONT DE BATTANT

## DE BESANÇON.

*Les siècles ont en vain bruni ses pierres grises,*
*Il est resté debout, ce travail des Titans ;*
*Il semble défier, sur ses larges assises,*
*Le souffle destructeur des temps.*
(Ad. CHEVASSUS.)

La partie principale de la ville actuelle de Besançon, entourée par la rivière du Doubs, est construite sur l'emplacement qu'occupait la ville celtique connue sous le nom de *Vesontio*; il est certain qu'il a dû exister depuis l'époque la plus reculée un bac ou un pont de communication sur le Doubs aux abords ou dans la direction du pont actuel (1); tout fait présumer que ce pont devait être construit en bois, afin de faciliter sa destruction au cas où la ville viendrait à être menacée par les tentatives si fréquentes d'invasion des barbares.

Lorsque Jules César s'empara de la Séquanie, après la défaite d'Arioviste, Besançon devint ville romaine; les vainqueurs y construisirent

---

(1) Avant la construction du pont de Battant, il existait une rue de l'époque celtique débouchant sur le même point de la rive gauche du Doubs. Cette rue allait en ligne droite du pont de Battant à la Porte-Noire. (Cette voie se trouve décrite dans un mémoire de M. l'architecte Marnotte, inséré dans le recueil des *Mémoires de l'Académie de Besançon*, p. 125 et suiv. — Séance du 24 août 1852.)

une foule d'édifices et de monuments, dont on retrouve souvent les vestiges lorsque l'on creuse le sol jusqu'à une profondeur de deux à trois mètres. Sous le règne d'Auguste, trente ans environ avant Jésus-Christ, le cirque appelé les Arènes fut construit par des soldats égyptiens (1), dans l'emplacement occupé aujourd'hui par les dernières maisons et les remparts d'Arènes. Il est probable que la situation de cet amphithéâtre, ainsi que les nombreuses routes qui, par la suite, aboutirent à Besançon, déterminèrent à la construction d'un pont plus praticable que celui qui avait pu exister.

Le travail que j'entreprends aujourd'hui a pour but de faire l'historique complet de ce pont romain, qui depuis dix-sept siècles bientôt existe au milieu de nous et qui, ainsi que l'a dit un célèbre littérateur (2), ressemble au vaisseau d'Énée, étant perpétué par des constructions de tous les âges.

## I.

La Séquanie était traversée de routes en tous sens, et toutes convergeaient à Besançon sa capitale. Outre sa communication principale avec Lyon, Besançon avait un chemin pour les provinces belgiques qui passait à *Segobodium* (Seveux), où l'on traversait la Saône; à *Andomatum*, (Langres), etc. (3). Celui qui conduisait à Lyon se divisait en deux branches près de Besançon, d'où l'une passait à Grandfontaine, à Osselle, où l'on traversait le Doubs, et qui se dirigeait à Arc, où il y avait un pont sur la Loue (4), après avoir traversé les territoires de Villars-Saint-Georges et de Fourg. L'autre branche se dirigeait vers *Didatium* (Dole), par Saint-Vit (5).

Besançon avait encore une route romaine pour communiquer avec le pays des Eduens, laquelle passait à Etrabonne, Pagney et Pontaillier-sur-Saône (6). Il avait aussi un chemin pour l'Italie, qui passait par *Filo-Musiaco* (Usiers), *Ariarica* (Pontarlier), *Eburodunum* et *Aventicum*; et un autre chemin pour les possessions germaniques, dirigé par *Malamansio*, (la Malmaison), Roulans, Sechin; par *Loposagium* (Luxiol), l'Hôpital,

---

(1) Voyez Dunod, *Hist. de l'Eglise, ville et diocèse de Besançon.* (Dissertation en tête du 2e vol.)

(2) *Voyages pittoresques et romantiques dans l'ancienne France*, par Ch. Nodier, J. Taylor et Alph. de Cailleux, p. 145 du tome concernant la Franche-Comté.

(3) Dunod, *Hist. du comté de Bourgogne.* — Bergier, *Hist. des grands chemins de l'empire romain*, et les *Mémoires sur l'histoire de la ville de Poligny*.

(4) On voit encore des traces de ce chemin dans la forêt de Chaux.

(5) Cette route est celle qui est indiquée dans la carte théodosienne.

(6) Mém. de Perreciot, couronné en 1771 par l'Académie de Besançon. (V. le 4e vol. des *Documents inédits pour servir à l'histoire de la Franche-Comté.*)

Santoche, Pompierre, *Vellatadurum* (Rang), Blussans, Dampierre, *Epomanduodurum* (Mandeure) et *Augusta Rauracorum*.

Toutes les routes du pays aboutissaient donc à Besançon, métropole (*magnum oppidum*) d'une nation qui dominait les rives du Rhin dans toute la haute Alsace, jusqu'aux portes de Lyon. Un pont dut être construit à Besançon afin d'y pénétrer facilement en franchissant la rivière du Doubs, qui entourait cette ville presque tout entière (1).

Bien que tous nos historiens soient d'accord pour considérer le pont de Battant de Besançon comme une construction romaine, aucun d'eux cependant n'a indiqué l'époque probable où il fut établi. J'en excepterai néanmoins d'Orival, qui s'exprime comme suit dans son Commentaire sur les usages et coutumes de Besançon (2) :

« L'empereur Marc-Antoine, surnommé le Pieux, a demeuré long-
» temps à Besançon ; c'est luy qui, en l'an cent cinquante de notre salut,
» fit bâtir le pont et l'autre partie de la ville qui est au couchant. »

Cette assertion manquant de preuves, je ne m'y arrêterai pas.

Marc-Aurèle, successeur d'Antonin, grand dans la guerre et plus grand encore dans la paix, parcourut les provinces de son vaste empire et accorda des faveurs particulières à la Séquanie. Il s'arrêta à Besançon environ l'an 170 et l'orna d'édifices (3). Or, je me demande s'il serait téméraire de conjecturer que les officiers municipaux de Besançon, voulant témoigner leur reconnaissance à cet empereur pour l'établissement du pont, ne lui dédièrent pas l'inscription suivante, où l'on croit lire les noms de Marc-Aurèle-Antonin et de Verus, son collègue à l'empire.

NON NI
NI VERI (4)

Ne serait-ce point encore en l'honneur de Marc-Aurèle et de Lucius Verus que les citoyens de Besançon élevèrent un monument avec l'inscription suivante :

---

(1) Propterea quod flumen Dubis, ut circino circumductum pene totum oppidum cingit, reliquum spatium, quod est non amplius DC, quà flumen intermittit, mons continet magnâ altitudine, ita ut radices ejus montis ex utrâque parte ripæ fluminis contingant. Hunc murus circumdatus arcem efficit et cum oppido conjugit. (C. Julii Cæsaris *Commentarii de bello gallico*, lib. I.)

(2) *Commentaires sur les usages et coutumes de Besançon*, par Claude-François d'Orival, citoyen de ladite ville, écuyer, seigneur de Vorges, conseiller au magistrat de la même ville, etc., préface, p. xiii.

(3) Dunod, *Hist. des Séquanois*, 4e dissertation, p 129. — Jul. Capitol., *Marcus Antonius*, c. xxii.

(4) Cette inscription, en partie fruste, mais dont les caractères sont du plus beau romain, a été trouvée à Besançon en 1618, lors de la démolition d'une maison de la place Labourée. (*Doc. inéd. pour servir à l'histoire de la Franche-Comté*, t. I, p. 149.)

IMP. CÆS. AVG.
M.   AVR.   ANTONI
NO. ET. L. AVR. VERO.
CIVES. VE (1).

Qu'on peut traduire ainsi :

Aux empereurs Césars Augustes
Marc Aurèle Antonin
Et Lucius Aurelius Verus,
Les citoyens de Besançon.

On sait sans doute que les Romains avaient pour habitude de témoigner leur reconnaissance aux personnes illustres qui s'occupaient des routes et des ponts, en leur dédiant des médailles, des inscriptions ou des monuments (2). Or, en présence des deux inscriptions que je viens de rapporter et qui ont été trouvées aux abords même du pont de Battant, n'est-il pas permis d'affirmer que ce fut sous le règne de l'empereur Marc-Aurèle que ce pont aurait été construit ?

## II.

Le pont romain, dit de *Battant*, est élevé au centre de la grande courbure du Doubs, centre lui-même d'une foule de voies romaines. Il a été, comme tous nos monuments de cette époque, bâti avec cette pierre de vergenne (3) dont la durée, selon l'observation de Dunod, est éternelle. Ce n'est qu'en descendant au bord de la rivière du Doubs que l'on peut apercevoir sa voûte antique qui s'étend d'arcade en arcade au milieu de la maçonnerie moderne dont on a élargi ses têtes sur la fin du XVIIe siècle.

Ce pont est actuellement composé de cinq arches dont la direction générale paraît présenter une courbe légère opposée au courant par sa convexité. Une grande partie de la première arche, rive gauche, a été

---

(1) Elle était gravée sur une colonne trouvée à Besançon dans le XVIe siècle, à côté d'un magnifique bassin de pierre. La colonne et l'inscription existaient encore en 1730 dans la salle capitulaire de Sainte-Madeleine. (J.-J. CHIFLET, *Vesuntio*, I, cap. XXXIX, p. 157.—GRUTTER, *Corpus inscriptionum*, 258.—DUNOD, *Hist. des Séquanois*, I, p. 129. — Le P. PROST, *Hist. de Besançon*, mss., à la bibl. publ. de cette ville, p. 272, etc.

(2) Voir à cet égard: Sébast. ERIZZO, *Nelle Medagl. dichiarat..* p. 25 et 28. — *Roman. numism. mediæ et min. formæ*, p. 178. — PATIN, *Trésor des médailles*, p. 5.— Le P. DU MOULINET, *Livre du cabinet de Sainte-Geneviève.*— Le P. COLONIA, *Antiquités de la ville de Lyon*, etc., etc.

(3) Ces carrières de vergenne se trouvaient situées aux territoires de Brussey et d'Avrigney (Haute-Saône) et de Cléron (Doubs). — Ed. CLERC, *La Franche-Comté à l'époque romaine, représentée par ses ruines*, p. 143.

masquée par les constructions postérieures (le mur du quai Vauban). Il est bien possible qu'il ait existé, sur la rive droite, un débouché supplémentaire, car on remarque sous les maisons qui longent la rue du Pont, et comme faisant partie de leurs caves, des voûtes qui correspondent de chaque côté à une grande partie de la largeur de cette rue et qui paraissent établies dans la même direction (1); nous ne pourrions affirmer que ces parties de voûtes composaient une arche supplémentaire sur la rive droite, mais cette hypothèse, du moins, a bien quelque probabilité.

La largeur entre les têtes du vieux pont romain n'est que de quatre mètres soixante-cinq centimètres, quoique la longueur des piles sur lesquelles les voûtes reposent soit beaucoup plus considérable; elle varie de 11 à 12 mètres environ. Ces piles, avant l'élargissement du pont, étaient terminées par des plates-formes sur lesquelles étaient probablement placées des statues, selon l'usage des Romains. Nous verrons plus loin que, dans le moyen âge, on profita de l'excès de longueur de ces piles pour y établir de petites habitations, car on lit dans de vieilles chroniques qu'il existait des échoppes de marchands, non-seulement sur les éperons du pont (avant-becs), mais encore sur les côtés d'aval (arrière-becs).

L'épaisseur de ces piles (mesurée à ras du fond de la rivière) est variable et croissante de la rive droite vers la rive gauche; la première, sur la rive droite, a 4$^m$ 20 c. d'épaisseur; celle qui la suit, 5$^m$ 20, l'autre 6$^m$ 50 et l'autre 6$^m$ 30. Il est à supposer que l'on a varié ainsi l'épaisseur de ces piles en raison de leur hauteur depuis le sol des fondations jusqu'à la naissance des arches; et en effet, le fond du rocher sur lequel on reconnaît distinctement que sont fondées les trois premières, s'en va plongeant sous Besançon, de la rive droite vers la rive gauche, ainsi que l'indiquent d'ailleurs les formes générales de la stratification géognostique dans le bassin de Besançon. La profondeur à laquelle sont établies les premières assises de la quatrième pile (toujours de rive droite à rive gauche) est considérable; cependant il paraît parfaitement démontré qu'elles reposent immédiatement sur le roc, les plongeurs affirment tous qu'il en est ainsi; ils affirment même que les blocs inférieurs sont reliés entre eux et au rocher par des crampons en fer. Dans tous les cas, le fait de ces fondations établies à une si grande profondeur sous l'eau n'en est pas moins remarquable, et semble confirmer cette opinion que nous nous sommes faite par l'examen des lieux et des choses, que, pour établir cette construction, les Romains durent changer le cours de la rivière du Doubs, que nous supposons avoir existé dans l'emplacement actuel de la rue Poitune, afin de réunir à la fois l'avantage d'une plus grande facilité d'exécution et celui d'une fondation sur un roc plein.

(1) Voyez le mémoire déjà cité de M. l'architecte Marnotte, p. 122 du *Recueil des mém. de l'Acad. de Besançon.*

Le pont présente aujourd'hui trois arches de 11ᵐ 40, 13ᵐ 10 et 11ᵐ 80 d'ouverture, 5ᵐ 40, 6ᵐ 10 et 6ᵐ de hauteur maximum au-dessus de l'étiage; une demi-arche dans la culée gauche, de 4ᵐ 10 de largeur et 3ᵐ 40 de hauteur au-dessus du chemin de halage; enfin du côté de Battant, une arche en plein-cintre de 8ᵐ de largeur et 4ᵐ 70 de hauteur maximum au-dessus de l'étiage.

On admire cette antique construction, et naturellement on est porté à attribuer sa longue durée au perfectionnement de toutes les parties du travail. Il n'en est cependant point ainsi, car si l'on examine avec attention les pierres qui composent les voûtes de ce pont, on observera facilement : 1° que leurs joints ne tendent pas vers un centre commun, quoique les voûtes soient cependant des portions de cercle ; 2° qu'un bon nombre de ces pierres ont des lits à peu près parallèles, tandis que d'autres sont sensiblement plus épaisses dans le haut que dans le bas. Ce vice de construction se révèle encore davantage dans l'intérieur; les pierres employées dans les voûtes ne portent généralement que sur leurs extrémités en douelle et en queue, où elles reposent sur des cales en pierre; l'intervalle entre les deux extrémités est vide, à l'exception des premières retombées, où cet intervalle est rempli du limon que les eaux y ont déposé. La construction des piles a été plus régulière; on y distingue surtout les soins apportés dans la façon des lits de toutes les pierres; ces lits sont parfaitement unis sur toute leur surface. Ces pierres, qui en général ont de grandes dimensions, sont légèrement inclinées vers le centre de la pile. Les mêmes soins ne se remarquent pas dans la disposition des joints; rarement ceux-ci sont retournés à l'équerre sur leurs faces, ils laissent souvent dans l'intérieur des vides qui ont jusqu'à 0ᵐ 10 entre les pierres, vice de construction qui ne serait pas toléré dans les travaux modernes; mais ce défaut est compensé par les liens de fer qui s'opposent à des déplacements (1) que le poids des matériaux rend d'ailleurs impossibles.

On peut conclure de tout ce qui précède, que l'art raisonné d'établir solidement et régulièrement les ponts au milieu des eaux, de les adapter en même temps aux exigences de l'écoulement de celles-ci dans les crues et au double besoin d'une circulation facile sur les routes et sur les rivières, n'existait véritablement pas.

### III.

Ce qui semble démontrer que dès le vᵉ siècle la partie de Besançon située sur la rive droite du Doubs était déjà très étendue, c'est qu'en

---

(1) Dans l'une des piles, celle du milieu, il existe une barre de fer d'un équarrissage de près de huit centimètres, placée longitudinalement dans le corps de cette pile; il n'a pas été possible d'en mesurer la longueur.

420, saint Léonce, évêque de cette ville, fit bâtir au joignant du pont de Battant, dans l'emplacement occupé jadis par les anciennes halles, une église sous le vocable de Saint-Laurent (1). Cette église fut complètement détruite par un violent incendie, qui y éclata le 14 septembre 1221 (2).

Lorsque Hugues I<sup>er</sup>, archevêque de Besançon, s'empara de la partie du territoire de cette ville comprise entre l'église Saint-Pierre et les rives du Doubs, comme par le droit de premier occupant, il y établit de nombreuses habitations qu'il peupla de colons de ses domaines ruraux. Il entoura ce nouveau quartier, qui prit le nom de *bourg* (3), par opposition au reste de la ville, qui conserva le nom de cité (4), de bonnes et solides murailles et, à l'entrée (côté du pont) de ce nouveau quartier, il fit élever une porte qui existait encore en 1618 ; cette porte fut le dernier reste des fortifications dont l'archevêque Hugues I<sup>er</sup> avait entouré la partie basse de Besançon (5).

L'agent fiscal qui, à Besançon, percevait pour le compte de l'archevêque le droit de *tonlieu* (6), résidait à l'entrée du pont de Battant (7). Ce droit de *tonlieu*, revendiqué par l'archevêque Hugues I<sup>er</sup>, fut confirmé par plusieurs bulles (8).

Dès avant 1240, les de la Tour et les Saint-Quentin, descendant d'une

---

(1) L'église Saint-Laurent était surnommée Saint-Laurent-dans-les-Bois. (Dunod, *Histoire de l'Eglise de Besançon*, t. I, p. 100.)

(2) Quatre lourdes colonnes provenant des ruines de cet édifice servaient encore, avant la construction du quai Napoléon, à soutenir l'un des portiques de notre ancienne halle. Avant la construction de ce quai, on voyait aussi, dans le fond de la maison rue Battant, 8 (quai Napoléon, 9), quelques vestiges de cette ancienne église.

(3) On sait qu'autrefois la partie de la Grande-Rue comprise entre la rue de la Bouteille et le pont de Battant, perdait son nom pour s'appeler rue du *Bourg*. (*Dissert. sur les différentes positions de la ville de Besançon*, par dom A. Berthod, couronnée en 1764 par l'Académie de cette ville.)

(4) Chartes des années 1221, 1258, 1266, 1270, 1281 et 1335, dans le t. II des *Documents inédits pour servir à l'histoire de la Franche-Comté*, p. 325, et aux archives du Doubs, fonds Saint-Paul, Sainte-Madeleine, Jacobins et maison de Chalon.

(5) Dom Berthod, dissertation déjà citée. — Mémoire de M. l'architecte Marnotte, cité précédemment (p. 124 du recueil des *Mémoires de l'Académie de Besançon*).

(6) Ce droit remplaçait l'ancien *vectigal* ou impôt prélevé par la curie gallo-romaine sur tous les convois de marchandises qui traversaient la ville ou s'y négociaient sur le marché. (*Origines de la commune de Besançon*, par M. A. Castan, p. 75.)

(7) Idem.

(8) Voyez notamment celle donnée en 1049 par Léon IX (t. II des *Documents inédits pour servir à l'histoire de la Franche-Comté*) et celle donnée en 1139 par Innocent II. (Archives du Doubs ; fonds Saint-Paul, I, 6.)

petite noblesse composée en grande partie de vieilles familles de la curie romaine, possédaient le patronage de l'église dont ils portaient le nom, ainsi que le domaine éminent du pont de la cité, etc. (1).

Dans le XIII° siècle, dit dom Berthod, « le pont qui joint les deux » villes n'avait point la longueur ni la largeur qu'il a aujourd'hui. En » 1265, l'archevêque Guillaume II de la Tour permit à quelques citoyens » d'y bâtir du côté des halles. Sur chaque arcade s'élevait une construc- » tion qui le rendait obscur (2)..... »

F.-Joseph Méglinger, sous-prieur de l'abbaye de Wetting n (Suisse), rédigea en latin la relation du voyage qu'il fit au mois de mai 1667 pour se rendre au chapitre général des monastères cisterciens convoqués à Citeaux.

Voici ce qu'on y lit:

« Les rues (celles de la ville de Besançon), qui sont très longues, sont » bordées d'édifices bien alignés, avec une multitude de boutiques et » d'ateliers divers, surtout aux environs du pont bâti sur le Doubs. Il n'y » a pas un coin dans cet endroit où l'on ne trouve un étalage ; le pont » lui-même est couvert d'échoppes, au point qu'il ressemble à un » champ de foire plutôt qu'à un pont (3). »

Ce fut en 1841, lors de l'élargissement du pont de Battant par voie d'encorbellement, que disparurent les deux dernières échoppes construites sur ce pont ; elles appartenaient aux sieurs Garoudel et Berger.

La croix érigée sur le pont de Battant rappelle l'échec subi le 21 juin 1575 (4) par une bande de huguenots (désignés alors en Franche-Comté par le sobriquet injurieux de *bosts*, crapauds), qui, ayant tenté un coup de main contre Besançon, furent vigoureusement repoussés par les citoyens des quartiers d'Arènes, de Battant et de Charmont. C'est de cette mémorable journée que les habitants de ces quartiers furent qualifiés de *pousse-bosts* ( pousse-crapauds, chasse-crapauds), vulgaire et glorieux nom dégénéré en celui de *bousbots* (5).

Cette croix, qui disparut le 21 août 1792, fut rétablie sur la tête aval

---

(1) « Hugo de Sancto Quintino, miles, notum facimus..... quòd..... Petrus Cementarius vendidit..... ecclesiæ S. Pauli Bisuntini .... *cameram suam sitam supra pontem in terrâ meâ.* » (Charte du mois de mai 1240, aux arch. du Doubs, fonds Saint-Paul, IX, 13.)

(2) Dom BERTHOD, dissertation citée ci-dessus.

(3) *Lettre familière adressée à un ami* (Jean-Jacques Mechler), un vol. in-32, imprimé à Lucerne, chez Godefroid Hautt. — Voyez aussi *Patrologiæ cursus completus*, etc., J.-P. Migne, t. CLXXXV, p. 1618, col. 2.

(4) Toutes les pièces relatives au fait dont il s'agit se trouvent recueillies dans le tome I<sup>er</sup> des *Mémoires et Documents inédits pour servir à l'histoire de la Franche-Comté*, p. 323 à 371.

(5) Voir la note 1 du 13° noël, p. 54 du *Recueil de noëls anciens au patois de Besançon*, publiés par M. Th. Belamy.

du pont le 14 septembre 1821. Mⁱʳ Paul-Ambroise Frère de Villefrancon, archevêque d'Adana et coadjuteur de Besançon, en fit la bénédiction solennelle ledit jour. Ce monument disparut encore pendant l'exécution des travaux d'élargissement par voie d'encorbellement du pont, et fut replacé sur la tête amont tel que nous le voyons encore aujourd'hui (1). Sur le piédestal on lit ces paroles du roi-prophète : *Nisi Dominus custodierit civitatem, frustrà vigilat qui custodit eam.* (Ps. CXXVI, v. 2.)

Ce fut de 1691 à 1693 que Vauban, l'un des plus grands génies du règne de Louis XIV, fit ériger à l'entrée du pont de Battant (côté de la Grande-Rue) un arc de triomphe consacré à la gloire de ce monarque (2).

Le rez-de-chaussée était composé de trois portiques; celui du milieu, destiné au passage des voitures, pouvait avoir 4 mètres de largeur sur 10 d'élévation, et formait une espèce d'attique sans aucun ornement; les deux autres, moins larges, carrés et ornés de trophées militaires, étaient accompagnés de quatre colonnes doriques placées sur un socle.

Trois fenêtres doubles et six colonnes d'ordre ionique décoraient l'étage; la fenêtre du milieu était couverte d'un front triangulaire, et les deux autres d'un demi-cercle.

Vauban sut utiliser ce monument au point de vue de la défense, en faisant ménager dans le soubassement des batteries casematées pour flanquer la gorge de la double couronne.

D'après un rapport de M. de Vanolle, intendant de Franche-Comté en 1742, ces deux batteries étaient devenues deux boutiques dont l'une était louée au profit de l'état-major, l'autre au profit de la ville. Les officiers de la garnison avaient établi un billard dans une grande pièce au-dessus du cintre principal. L'arc de triomphe, construit avec les plus détestables pierres gelives du pays, ne tarda pas à subir les conséquences de ce vice radical. En vain M. de Vanolle, par adjudication du 26 août 1742, au profit de Claude Pierrot, architecte, fit-il consacrer 8,000 fr. aux réparations les plus urgentes; les débris qui tombaient chaque jour des corniches continuèrent à menacer la sûreté publique. En 1776, enfin, la ruine de ce monument devenant imminente, on en décida la démolition.

Deux corps de garde furent construits de chaque côté du pont en remplacement de l'arc de triomphe. Ils furent eux-mêmes démolis vers 1808, pour former l'espèce de place qui existe en tête du pont.

L'an II de la république, un anonyme proposa de surmonter le pont

---

(1) Dessin de M. l'ingénieur Parandier du 17 août 1841, approuvé le 20 du même mois par M. l'ingénieur en chef Vuillet.

(2) Un dessin représentant cet arc de triomphe est annexé à l'*Histoire de Besançon*, par le P. Prost, page 719; manuscrit à la bibliothèque de cette ville.

de Battant des statues de l'Egalité et de la Force. Voici la lettre qu'il adressa à cet effet aux rédacteurs du journal jacobin de Besançon, la *Vedette* (1) :

. . . . . . . . . . . . . . . . . . . . . . . . . . . . .

« Je viens vous proposer deux monuments à élever sur le pont, sans beaucoup de frais. Je voudrais voir à la place de la croix du pont la statue de l'Egalité ; on prendrait celle de la Justice qui se trouve dans la cour de la maison commune ; on lui ôterait le bandeau de dessus les yeux, et on lui laisserait la balance dans les mains, comme le symbole de l'égalité ; vis-à-vis, on placerait la statue de la Force, avec une pique à la main, et cette inscription : *Volonté suprême du peuple*. Ce morceau se trouverait encore aisément dans la ville ; la main-d'œuvre coûterait peu. Vous voyez, citoyens, qu'avec peu de dépense on procurerait deux monuments bien chers aux vrais sans-culottes, et qu'en les plaçant dans le lieu que j'indique, ce serait un hommage rendu au sans-culottisme de nos frères d'au delà du pont.

» Salut et fraternité. »

En 1814, pendant les jours de nos revers, le général Marulaz, gouverneur de la place et citadelle de Besançon, fit établir une barrière sur le pont de Battant et en confia la garde à des cohortes urbaines. Le commandant du génie Laffaille, revêtu d'une autorité supérieure à celle de Marulaz lui-même, en tout ce qui concernait les dispositions défensives de l'enceinte et des approches de la ville, proposa au gouverneur, non-seulement de faire sauter le pont de Battant, mais encore d'abandonner à l'ennemi toute la partie nord de Besançon, après l'avoir démolie et incendiée (2).

Voici quelques-uns des mauvais couplets qui coururent les rues à cette occasion :

    Des ingénieurs français
    Qu'a vus notre muraille,
    Le plus fameux désormais
    N'est plus Barillon, mais
    Laffaille, Laffaille, Laffaille.

    Ne parlez plus de Vauban,
    Il n'a rien fait qui vaille,
    Et n'eut qu'un faible talent ;
    Mais qui l'éclipse à présent ?
    Laffaille, Laffaille, Laffaille !

(1) Voir la *Vedette, journal du département du Doubs, par des hommes indépendants et amis du peuple*, n° du 15 ventôse de l'an II (5 mars 1794).

(2) On verra à la fin de cette notice (annexe n° 3), à l'aide de quel ingénieux stratagème, que suggéra à une femme son érudition littéraire, Marulaz consentit à abandonner ce projet.

> Jusqu'à quand permettra-t-on
> Que Laffaille nous fouaille?
> N'est-il un brave à Charmont
> Pour descendre sous le pont
> Laffaille, Laffaille, Laffaille?

Rien ne fut oublié dans ces malheureuses circonstances pour vouer à l'exécration publique cet officier distingué, à l'influence duquel chacun attribuait, non sans raison, la résolution de Marulaz de se défendre jusqu'à l'extrémité.

## IV.

Le pont de Battant a nécessairement existé tel que nous l'avons décrit, jusqu'à la conquête de la Franche-Comté par Louis XIV, époque à laquelle il fut élargi en même temps que furent construits par Vauban des quais pour clore l'enceinte de la partie sud-est de la ville, et l'arc de triomphe qui fut placé à son entrée.

Il a fallu une bien grande solidité à ce vieux pont pour résister à toutes les épreuves, car malgré les grandes crues qui souvent se sont élevées à une hauteur prodigieuse, malgré le choc des objets flottants de toute nature qui l'ont assailli, il s'est parfaitement conservé jusqu'à nous.

Nous allons indiquer sommairement les réparations et les travaux qui y ont été faits jusqu'à ce jour, autant du moins qu'il nous a été possible de le faire.

9 juillet 1453. — Aujourd'hui messieurs les gouverneurs et notables ont délibéré et conclud que, pour ce que messieurs de l'Eglise ne s'excusient ou temps advenir se l'on refaçoit le pont de ceste cité qui a nécessité de réfection, que l'on voise sommer et requérir messieurs du chapitre qu'il leur plaise eulx y aider et contribuer à ladicte réfection, et selond leur response que l'on y procède; item en oultre ont conclud que parce qu'il est nécessité de fere un get pour paier les debtes de la cité, que l'on mande d'une chacunne bannère de la cité gens de touts estatz et que l'on en aye leurs advis, et selond leurs advis que l'on y procède.

1ᵉʳ aoust 1453. — Aujourd'huy messieurs les gouverneurs dessus nommez ont concluz et délibérez que Hugues Faverney preigne la charge de l'ouvraige qu'est à fere présentement au pont de Besançon, c'est assavoir de avoir regart ès ouvriers qui ouvreront audit pont et luy prendre garde bien et beaulment.

4 février 1506. — Marché avec trois maçons pour la réfection et la réparation des arcs-boutants, voûtes et autres ouvrages à faire entre le pont et les vieilles halles (partie amont de la voussure de l'arcade borgne).

2 mai 1681. — On a marchandé de bander l'arcade du pont couverte

de bois, de bandes de fer autant plain que vuide, à trois solz monnoye du Comté la livre.

1688. — Le pont de Battant vient d'être élargi de six pieds de chaque côté.

23 juillet 1689. — Visite des piles du grand pont de pierre et délibération de réparer ces piles.

31 juillet 1697. — Il a esté résolu par la compagnie de faire sommation à Cocard, entrepreneur de l'arc sur le pont, de décharger ledit pont, particulièrement la partie qui est de bois, faute de quoy on protestera de tous dommages, intérests et dépens qui en pourroient arriver.

22 juin 1729. — La partie de l'ancien pont de la ville attenante à l'arc triomphal, laquelle partie fut construite en bois quelques années après la conquête de 1674, se trouve présentement ruinée, et il serait difficile de trouver des arbres chesnes assez forts et assez longs pour la réparer en bois. On demande au roi la permission de refaire cette partie en pierre.

2 juillet 1729. — M. de Coligny, directeur des fortifications, a visité le pont; il a reconnu qu'à l'arche qu'on désire de faire réparer en pierre, il y a déjà une arcade de pierre d'environ douze pieds de large; que cette arche est celle du pont dans son entier, telle qu'elle étoit avant la conqueste de la province et le rélargissement des deux autres arches du mesme pont, lequel rélargissement fut fait par les ordres du roy environ l'an 1676; au reste que comme il n'est question que de rélargir en pierre cette première arcade comme l'ont été les deux autres, il ne juge pas qu'il y ait lieu d'en référer à la cour, prenant tout sur lui.

18 juillet 1729 — On mettra en adjudication le lendemain l'entreprise du rélargissement de la première arcade du pont.

2 novembre 1757. — M. le maire a dit qu'il y avoit un abus considérable en ce que dans les temps de foire et d'apports, grand nombre de petits marchands, soit étrangers, soit de la ville, venoient établir leurs petites boutiques sur le pont, y plantoient des crampons dans les parapets à grands coups de marteau, et dérangeoient les pierres de leurs assises, ce qui avoit occasionné en dernier lieu une dépense considérable à la ville.

Défense de planter aucuns crampons ou chevilles de fer ou de bois dans les parapets du pont.

22 juillet 1761. — Le grand pont menace ruine dans la partie qui est du côté du couchant. M. Egenod a en effet reconnu que la petite arcade sur laquelle sont bâtis des cabinets avancés n'était, surtout dans la partie inférieure, que de pierres fracassées et réduites en moëllons. — Ordre d'en faire la visite et un devis des réparations à entreprendre.

1761. — 1er août. — M. Querret, inspecteur des ponts et chaussées, a fait la visite du pont et un rapport en conséquence. Il estime que le pont ne menace pas une ruine prochaine et qu'il suffit : 1° de poser et cramponner une pierre à l'aval de la pile de la rive droite et une autre dans l'angle rentrant de l'amont ; 2° de reprendre une partie de la face de l'angle ou arête et des voussoirs en amont de la culée du même côté, de la grandeur d'environ une toise carrée de parement, le tout avec pierres de bonne qualité cramponnées et posées au ciment ; 3° de regarnir de part et d'autre quelques trous de peu de conséquence, moyennant quoi le pont subsistera longtemps : il a ajouté que ces réparations ne lui paraissent même pas urgentes.

La compagnie ordonne d'en procurer l'exécution.

1791. — 26 octobre. — Rapport de M. Liard, ingénieur en chef du département du Doubs, faisant connaître le mauvais état du pont de Battant et surtout des arches additionnelles qui ont été appliquées tant en amont qu'en aval contre celles qui formaient le noyau primitif de ce pont (arches romaines).

1793. — 23 février. — Avis de l'assemblée des ponts et chaussées reconnaissant l'insuffisance du débouché du pont de Battant et déclarant qu'il ne peut subsister plus longtemps, quand même il ne serait pas aussi caduc et aussi difforme qu'il est.

1793. — 28 février. — Lettre du ministre de l'intérieur (Garat) aux administrateurs du département du Doubs, les priant d'inviter le citoyen Liard, ingénieur en chef, à s'occuper promptement d'un projet de reconstruction du pont de Battant, « projet dont la hauteur et l'ouverture » soient suffisantes pour le passage tant des grandes eaux que de la na- » vigation. »

1793. — 8 avril. Adjudication au sieur Ignace Daisse, moyennant la somme de 5,300 fr., des travaux de reconstruction de la première arche (côté de la ville), sur un projet de l'ingénieur en chef Liard, du 10 avril 1792. — Le certificat de solde des travaux est en date du 15 ventôse an III (5 mars 1795).

AN VI. — 21 thermidor (8 août 1797). Adjudication au citoyen Sébastien Bourriot, de Besançon, des travaux de réparations d'une brèche formée dans l'épaulement aval de la culée gauche du pont de Battant de Besançon. Ces travaux se sont élevés à la somme de 2,152 fr.

1811. — Réparation par voie de régie de la culée (rive gauche, partie aval) du pont de la Madeleine de Besançon. Ces travaux, d'après le certificat des ingénieurs en date des 13-18 novembre 1811, se sont élevés à la somme totale de 2,476 fr. 18 c.

1831. — On effectue diverses réparations au pont de Battant, consistant principalement dans des reprises de maçonnerie et dans la restauration des avant-becs, en rétablissant leurs armures en fer qui avaient été enlevées par une forte débâcle des glaces de l'hiver 1830-31.

1832. — Du 13 août au 31 octobre. — Les fondations des murs d'épaulement de la culée, rive gauche (avoisinant le chemin de halage) et qui consistaient en un grillage composé de pilotis et de madriers en chêne, ont été reconstituées au moyen d'un bétonnage et de maçonnerie. On a remonté sur ces nouvelles fondations les murs d'épaulement tant d'amont que d'aval, dont les anciennes maçonneries étaient complétement lézardées et disloquées. On a également restauré avec du béton et de la maçonnerie les fondations des piles, qui étaient fortement endommagées et même affouillées sur plusieurs points, notamment dans les avant-becs et les parties voisines, et principalement de la première pile, rive droite, au pourtour de laquelle on a fait des enrochements. La dépense de ces travaux s'est élevée à la somme de 10,776 fr. 34 c.

1834. — 6 mai. Soumission des sieurs François Martin et Jean-Antoine Pequignot, de Besançon, pour la reconstruction de la tête d'aval de la première arche (rive gauche), le remplacement de diverses parties de mauvaises maçonneries des parements d'aval des piles et des autres arches et rejointoiements. Ces travaux se sont élevés à la somme de 11,620 fr. 03 c., et la réception définitive a eu lieu le 24 juillet 1835.

1839. — 13 mai. Adjudication au sieur Victor Poulet, de Besançon, des travaux d'élargissement du pont de Battant par voie d'encorbellement. Le projet présenté par les ingénieurs (Parandier et Vuillet) les 12 avril et 19 novembre 1838, fut approuvé par M. le directeur général des ponts et chaussées le 21 février 1839. Les travaux, estimés à la somme de 42,000 fr., se sont élevés à celle de 53,919 fr. 05 c., se répartissant sur les exercices 1840, 41, 42 et 1843 de la manière suivante :

| | | |
|---|---:|---:|
| Exercice 1840 . . . . . . . . | 20,000 fr. | » |
| — 1841 . . . . . . . . | 29,744 | 07 |
| — 1842 . . . . . . . . | 2,260 | » |
| — 1843 . . . . . . . . | 1,914 | 98 |
| Total pareil . . . | 53,919 | 05 |

La réception définitive de ces travaux a eu lieu le 9 mars 1843, par M. l'ingénieur Bolot.

1853. — Réfection (travaux exécutés en régie) du grillage du pont de Battant ; dépense, 400 fr.

1853. — Etablissement d'un marche-pied contre la pile-culée du pont de Battant, pour le service de la navigation. Travaux adjugés le 19 avril 1853, au sieur Branget, Théodore ; montant des travaux exécutés, 4,321 fr. 17 c.

La réception définitive a eu lieu le 22 décembre 1854, par M. l'ingénieur Maire.

1865. — Réfection de la chaussée du pont de Battant, réparation des garde-corps et réfection des auvents ; travaux exécutés en régie, moyennant la somme de 8,000 fr.

## V.

La légende, miroir fidèle des impressions populaires, a fait resplendir autour du monument dont nous venons de faire l'historique, une auréole surhumaine.

Toutes les traditions s'accordent à donner à saint Antide, évêque de Besançon au commencement du V° siècle, un grand pouvoir sur les démons.

Voici le récit merveilleux d'un voyage que cet évêque fit à Rome. Cette légende, intéressante à beaucoup d'égards, et par laquelle s'expliquent une foule de souvenirs conservés en Franche-Comté, est rapportée par plusieurs historiens, notamment par Chifflet (1). « L'ange de la terre, dit le chroniqueur, peut commander au démon : Jésus-Christ lui-même a été transporté sur le pinacle du temple, et la foi peut opérer bien des prodiges. Saint Antide, voulant visiter toutes les parties de l'héritage confié à ses soins, se dirigeait du côté du Doubs pour le traverser, lorsqu'il aperçut un mouvement extraordinaire sur le pont. Caché par un voile divin, il se retira à l'écart, afin d'être témoin du spectacle étonnant qu'il avait sous les yeux. Il aperçut alors le chef des démons élevé sur un siège, la tête couronnée d'un diadème, promenant son sceptre sur une foule d'autres démons prosternés à ses pieds, et demandant compte à chacun des efforts qu'il avait faits pour perdre les âmes des fidèles. Tout à coup, un démon à la face hideuse, tout souillé de poussière, exténué de fatigue, arriva aux pieds du trône de Satan. Il tenait à la main une pantoufle qu'il agitait d'un air triomphant. Le prince des démons l'ayant interrogé, il répondit qu'enfin ses efforts avaient triomphé de la résistance du souverain pontife, l'avaient fait tomber dans une faute, et que bientôt l'Église du Crucifié serait remplie de nouveaux troubles. A cette nouvelle, toute l'assemblée hurla d'une joie furieuse. Saint Antide, effrayé des malheurs qui pouvaient arriver, prend une résolution subite : il appelle les clercs qui se trouvaient avec lui, les invite à retourner dans sa demeure épiscopale, se recommande à leurs prières, et, se munissant du signe de la croix, il se précipite au milieu de l'assemblée des démons, va droit à celui qui venait de parler, et lui dit : « Au nom du Père tout-puissant, du Fils » et du Saint-Esprit, auquel toute créature rend hommage, je t'or- » donne de me transporter immédiatement à Rome, te défendant en » même temps de nuire en quoi que ce soit au serviteur de Dieu. » Et ce disant, il montait sur le démon transformé en dragon impétueux.

(1) Ex *Vesuntione* Chiffletii, part. II, p. 71 ; voir aussi *Acta majora s. Antidii*, ap. Acta SS. junii, t. V.

Les montagnes, les vallées, les fleuves, disparaissaient sous le vol de l'étrange coursier, qui dépose son cavalier devant l'église de Latran. Saint Antide ordonne à sa monture de l'attendre, entre à l'église, où la multitude était déjà assemblée pour le saint sacrifice, se prosterne dans le sanctuaire, va droit au pape, lui expose le motif de son voyage, lui montre la sandale qu'il avait ravie au démon. Surpris et atterré, le souverain pontife verse des larmes et se jette aux genoux de saint Antide ; puis, le faisant revêtir des ornements pontificaux, le conjure d'offrir le saint sacrifice et de bénir le saint-chrême. Notre saint monta à l'autel, au grand étonnement de la multitude, et ayant, après la cérémonie, entendu la confession du souverain pontife, il alla retrouver son coursier rapide et arriva à Besançon le samedi saint, à la sixième heure. Grande fut la joie du clergé, qui ne pouvait s'expliquer son absence. Il distribua le saint-chrême, et solennisa la fête de Pâques avec une grande joie. »

La légende nous a aussi conservé les paroles adressées à saint Antide par le démon pendant son voyage. C'est un distique que l'on peut lire par la gauche aussi bien que par la droite, et dont les lettres, prises à rebours, reproduisent les mêmes mots :

*Signa te signa, temere me tangis et angis.*
*Roma tibi subito motibus ibit amor.*

Le cardinal Baronius dit que cette histoire sent plus la magie que la piété, et il appuie son sentiment sur la rareté des preuves apportées à l'appui de cette légende. Nous ferons néanmoins observer que cette légende est rapportée dans les bréviaires édités par les archevêques Charles de Neuchatel (1489), Antoine de Vergy (1535) et Claude de la Baume (1578). On la lisait dans de vieux manuscrits conservés à l'abbaye Saint-Paul et dans le légendaire d'été de l'église Saint-Jean. Plusieurs monuments confirmaient aussi les traditions du peuple. On voyait, dans le siècle dernier, des peintures très anciennes dans les églises de Saint-Paul, de Saint-Pierre et de Sainte-Madeleine, qui représentaient les diverses circonstances de ce voyage merveilleux. Pendant longtemps on garda dans l'autel principal de l'église de Ruffey (1) une fiole du saint-chrême apporté de Rome par saint Antide. Enfin, pendant la procession des rogations, deux chanoines de Saint-Paul s'arrêtaient sur le pont et chantaient plusieurs versets en l'honneur de saint Antide, et les quatre hommes qui portaient la châsse du saint devaient être pris dans la bannière du quartier Battant, parce que le pont où s'était opéré le prodige dépendait de cette bannière.

(1) Suivant nos historiens, saint Antide aurait été martyrisé à Ruffey, environ l'an 407, par ordre de Crocus.

## VI.

Après avoir fait l'historique du pont de Battant, ouvrage remarquable à plus d'un titre, et par l'époque où il fut construit, et par la hardiesse de ses proportions, et par la nature des ressources à l'aide desquelles les constructeurs parvinrent à mener à fin une œuvre aussi colossale, nous allons donner une idée de l'importance actuelle de ce pont, qui, depuis bientôt dix-sept siècles, est le seul trait d'union entre les deux parties de la ville de Besançon.

Ce pont dessert à la fois le mouvement de circulation des quatre routes impériales qui se rencontrent dans Besançon, les routes n°s 57, 67, 73 et 83, ainsi que toutes les relations des deux parties presque égales que le Doubs sépare dans la ville, et tout le mouvement sur la gare du chemin de fer. Les derniers recensements de la circulation, effectués en 1863-64, y accusent une circulation moyenne de 1,680 colliers par jour, qui s'élève fréquemment, les jours de marché par exemple, jusqu'à 2,500 et plus.

Voici au reste un tableau qui fera connaître d'une manière très détaillée l'importance de la circulation observée sur ce pont, dix ans avant l'ouverture de nos chemins de fer (1). Les attachements ont été tenus depuis 7 heures du matin, moment où l'affluence commence à se faire remarquer, jusqu'à 10 heures du matin, alors que cette affluence va en diminuant.

---

(1) Extrait d'un rapport de M. l'ingénieur en chef Vuillet, en date du 13 mai 1845, sur le projet d'une nouvelle traverse de la route n° 67 dans Besançon et sur les résultats de l'enquête de 1843.

| DÉSIGNATION de L'ESPÈCE DE CIRCULATION. | MOYENNE PAR HEURE OBSERVÉE | | | |
|---|---|---|---|---|
| | Les 24 et 27 décembre 1844 et 3 janvier 1845 (jours de marché). | Le 3 février 1845 jour de foire. | Les 14 janvier, 14 février, 4 et 14 mars 1845 (jours de marché) | Le 31 mars 1845 (Jour de foire) |
| 1 | 2 | 3 | 4 | 5 |
| Voitures attelées de toute espèce . . . . . . . . . . | 236.00 | 193.00 | 117.75 | 234.67 |
| Voitures à bras. . . . . . | 20.56 | 22.67 | 17.50 | 12.00 |
| Voitures de toute espèce. | 256.56 | 215.67 | 135.25 | 266.67 |
| Colliers attelés . . . . . . | 259.45 | 209.04 | 126.09 | 286.68 |
| Cavaliers . . . . . . . . . | 14.44 | 5.33 | 0.42 | 97.00 |
| Bêtes de somme . . . . . | 17.33 | 75.67 | 4.17 | 73.34 |
| Têtes de gros bétail . . . | 3.67 | 39.33 | 2.50 | 226.00 |
| Têtes de menu bétail. . . | 8.89 | 20.34 | 2.83 | 12.67 |
| TOTAL des animaux. | 303.78 | 349.68 | 136.01 | 695.69 |
| Piétons . . . . . . . . . . | 3,287.00 | 5,073.00 | 2,654.00 | 6,343.34 |

OBSERVATIONS.

1° Dans le tableau ci-dessus, les passages relatifs à l'artillerie n'ont été en moyenne, par heure, que de 10 cavaliers et 12 bêtes de somme (chevaux non montés) dans les attachements portés dans la 2ᵉ colonne, et de 70 cavaliers dans ceux de la 5ᵉ.

2° Quant aux attachements consignés dans les 3ᵉ et 4ᵉ colonnes, toute la circulation qu'ils expriment est étrangère à l'artillerie, aucun passage relatif à cette arme n'ayant eu lieu pendant les observations constatées dans ces colonnes.

3° Il faut attribuer aux mauvais temps la différence que présentent entre eux les chiffres de la 2ᵉ et de la 4ᵉ colonne et celle que donnent ceux de la 3ᵉ et de la 5ᵉ colonne.

## ANNEXES.

### N° 1.

*Extrait du registre des arrêts rendus par la chambre souveraine des eaux et forêts du parlement de Besançon, dans un différend existant entre l'illustre chapitre métropolitain de Besançon, appelant, et l'abbé de Saint-Paul, l'archevêque de Besançon, les officiers municipaux de cette ville, le marquis de Choiseul la Baume, maréchal de camp, les directeurs du séminaire de Besançon et les missionnaires de Beaupré, intimés* (1).

. . . . . . . . . . . . . . . . . . . . . . . . . . . . . . . .

. . . . . . . . . . . . . . . . . . . . . . . . . . . . . . . .

Ordonne aux officiers municipaux de Besançon de faire ouvrir, dans le délai de trois mois depuis la date du présent arrêt, la cinquième arche du pont qui aurait été fermée pour supporter l'arc triomphal. Ordonne que par le géomètre Arthaud, arpenteur de la maîtrise, il sera, en présence du contrôleur de la ville et à la participation du procureur général du roi, pris, dans le même délai de trois mois, un alignement sur l'ancien lit de la rivière du côté de Battant et parallèle au quai, de manière que le lit de la rivière depuis quatre-vingt-dix pieds du canal supérieur de Bellevaux jusqu'à l'extrémité de la rue d'Arènes, proche le bastion, ait la même largeur que celle qui se trouve entre le point central de la tour ancienne de la maison des héritiers Bouchez (2) et le mur des fortifications du quai des boucheries, pour, ensuite du plan qui en sera levé et déposé tant au secrétariat de l'hôtel de ville qu'au greffe de la maîtrise particulière (3), être pourvu au retranchement des édifices, murs, ouvroirs, tanneries, terrasses et aqueducs qui anticipent sur l'ancien lit de ladite rivière. Et cependant ordonne auxdits officiers municipaux de baisser, reculer et recons-

---

(1) Archives du parlement de Franche-Comté, cote 246, folio 224 du registre. — Archives de l'intendance de Franche-Comté, carton 123, cote n° 9.

(2) Cette tourelle, qui a disparu lors de la construction du quai Napoléon, est appelée, dans les documents du XVI° siècle, *la tour Monsieur de Champagney*, du titre nobiliaire de la famille Bonvalot, l'une des premières familles qui ait fourni des prud'hommes à la commune de Besançon. Les armes de cette maison, qui étaient d'argent à trois jumelles de gueules, se voyaient en sculpture sur le linteau de l'une des fenêtres de la tour : ce linteau a été déposé au musée archéologique de la ville, par les soins de son propriétaire, M. l'avocat Chofardet. Jacques Bonvalot, seigneur de Champagney, qui paraît avoir, dans les premières années du XVI° siècle, ajouté cette tour à la demeure de ses ancêtres, dans le but de lui donner l'aspect d'un logis féodal, avait eu la bonne fortune de marier sa fille aînée, Nicole, au chancelier Granvelle, père du fameux cardinal de ce nom, et sa seconde fille, Etiennette, à Jean de Saint-Mauris, ambassadeur de Charles-Quint en France; son fils, François Bonvalot, fut administrateur de l'archevêché de Besançon pendant la minorité de Claude de la Baume, cumula les plus riches bénéfices de ce diocèse et remplit également des missions diplomatiques au nom de l'empereur. Lorsque Jacques Bonvalot mourut, en 1537, la seigneurie de Champagney, ainsi que l'hôtel dont il s'agit, échurent en partage à Nicole, qui les transmit à son plus jeune fils Frédéric, chef des finances de Flandre et gouverneur d'Anvers, qui s'était déjà fait construire dans la rue Battant une somptueuse habitation, dont la façade conserve encore ses pittoresques gargouilles (actuellement le n° 37). La fille unique de Frédéric, nommée Hélène, porta l'héritage des Granvelle dans la famille de la Baume Saint-Amour, et les seigneurs de cette race qui gaspillèrent les collections rassemblées par le chancelier de Charles-Quint et le cardinal ministre de Philippe II, n'éprouvèrent aucun scrupule à se défaire du modeste berceau des Bonvalot. (Note due à l'obligeance de M. Auguste Castan, bibliothécaire de la ville de Besançon.)

(3) D'après le plan dressé par l'architecte Arthaud le 12 août 1782, et existant aux archives de M. l'ingénieur en chef du service hydraulique du département du Doubs (ce plan est celui qui a été déposé au secrétariat de l'hôtel de ville), cette distance était de 39 toises 1 pied 2 pouces (76 mèt. 39 c.).

truire dans le même délai les aqueducs de l'hôpital de Bellevaux, dont l'un anticipe de quatre-vingts pieds sur le lit de la rivière, l'autre de soixante-six, et ce, de manière que la voûte n'en soit pas plus élevée que le niveau des eaux basses de la rivière, le tout aux frais de la ville. Ordonne ladite cour qu'à la diligence desdits officiers municipaux et aux frais de ladite ville, tous les aqueducs, poternes et ouvertures (autres néanmoins que les canaux servant d'égout aux rues et places) qui donnent entrée sur ladite rivière, seront fermées, dans les crues d'eau, par des madriers en glissoir, auquel effet il sera construit dans le délai de trois mois dès la date du présent arrêt, des formes en feuillures pour recevoir lesdits madriers, qui seront eux-mêmes en feuillures et tenons et s'emboîteront les uns dans les autres, lesquels seront levés en proportion des eaux pour parer à leur épanchement. Ordonne que l'article 42 du titre 27 de l'ordonnance des eaux et forêts de 1669 (1) sera exécuté suivant sa forme et teneur ; en conséquence, fait défense à tous propriétaires de moulins, meuniers et à toutes autres personnes, de faire sur ladite rivière du Doubs aucune plantation, dépôt de pierres, de terres et de fascines, d'apporter aucun empêchement, ni d'y jeter rien qui puisse combler le lit de la rivière et nuire au libre cours des eaux, à peine de cent livres d'amende au profit du roi contre chaque contrevenant et d'être réparé à ses frais. Enjoint aux officiers de la maîtrise d'y veiller.

Ordonne de plus que la réduction des écluses de Tarragnoz, etc.

. . . . . . . . . . . . . . . . . . . . . . . . . . . . . . . .

Fait en la chambre souveraine des eaux et forêts du parlement, à Besançon, le 30 avril 1782. — Epices, cinq cents écus.

### N° 2.

*Ephémérides des principales inondations du Doubs, à Besançon.*

Plusieurs fois, dans les débordements du Doubs, dit P.-F. Chifflet, les églises de Saint-Paul et de Saint-Donat ont été inondées tellement, que les habitants de ce quartier ont été obligés de se transporter dans d'autres demeures jusqu'à ce que les eaux fussent rentrées dans leur lit. (V. BOLL., *6 junii.*)

1355. — Une inondation terrible du Doubs se fit sentir à Besançon ; elle détruisit les moulins et toutes les constructions sous les murs de la ville, qui fut en partie submergée ; le quartier du Saint-Esprit fut entièrement envahi. (*Les inondations en France depuis le VIe siècle jusqu'à nos jours*, par M. Maurice CHAMPION, t. III, p. 198.)

1356. — Des vents impétueux ébranlèrent les murs de Besançon ; plusieurs maisons s'écroulèrent ; la tour de Vayte, que remplaça depuis l'hôtel de la mai-

---

(1) Texte de l'art. 42 du titre 27 de l'ordonnance des eaux et forêts de 1669, enregistrée au parlement de Besançon le 27 avril 1694.

« Nul, soit propriétaire ou engagiste, ne pourra faire moulins, bâtardeaux, écluses, gords, pertuis, » murs, plants d'arbres, amas de pierres, de terre et de fascines, ni autres édifices ou empêchements » nuisibles aux cours de l'eau, dans les fleuves et rivières navigables et flottables, ni même y jeter » aucunes ordures, immondices, ou les amasser sur les quais et rivages, à peine d'amende arbitraire. » Enjoignons à toutes personnes de les ôter dans les trois mois du jour de la publication des présentes ; » et si aucuns se trouvent subsister après ce temps, voulons qu'ils soient incessamment ôtés et levés à » la diligence de nos procureurs des maîtrises, aux frais et dépens de ceux qui les auront faits ou cau» sés, sur peine de 500 liv. d'amende, tant contre les particuliers que contre le juge et notre procureur » qui auront négligé de le faire, et de répondre en leurs privés noms des dommages et intérêts. »

rie, au bord de la rivière, fut *déversée et tempestée* (1). Les eaux couvrirent l'autel de l'église des Cordeliers. (Mss. Chiflet, cité par M. Ed. Clerc, *Hist. de la Franche-Comté*, t. II, p. 106.)

1363. — Dès le mois de novembre, l'archevêque de Besançon (Aymon II de Villersexel) a à déplorer les ravages d'une inondation qui enleva les moulins de Rivotte, de Saint-Paul et de Chamars; dans les églises des Jacobins et des Cordeliers, l'eau s'éleva de plus de six pieds au-dessus des autels. (*Hist. des diocèses de Besançon et de Saint-Claude*, par M l'abbé RICHARD, curé de Dambelin, t. II, p. 58 et 59.)

1364. — Les longues pluies firent déborder les rivières: les eaux du Doubs atteignirent à Besançon le parapet du pont de Battant; l'autel des Cordeliers et celui des Jacobins, du Saint-Esprit et de Saint-Paul, furent couverts de plusieurs pieds d'eau. (Ed. CLERC, ouvrage cité, t. II, p. 138.)

1404. — Besançon fut en partie inondé par les eaux du Doubs. (Maurice CHAMPION, ouv. cité, t. III, p. 201.)

1493. — En janvier, il y eut une grande inondation du Doubs: Besançon fut en partie submergé; les villages de Chalèze et de Chalezeule, près de cette ville, furent sous les eaux. Il en fut de même en 1496 et 1499. (Maurice CHAMPION, ouv. cité, t. III, p. 210.)

1570. — 2 décembre. Il est probable que la crue des eaux fut générale dans le bassin du Rhône; à Besançon, le Doubs déborda; on allait en bateaux sur la place du Saint-Esprit; les caves étaient remplies d'eau; il y eut des moulins détruits et beaucoup d'autres dommages, qui se renouvelèrent en 1571 et 1578, par suite de l'exhaussement de cette rivière, très sujette à déborder. (Maurice CHAMPION, ouv. cité, t. III, p. 228.)

1606. — Des pluies torrentielles tombèrent pendant deux mois et ne cessèrent que vers le 22 juillet. L'inondation fut grande; mais elle fut moins remarquée que la destruction des récoltes, fléau qui atteignit non-seulement les vallées où l'eau exerça ses ravages, mais encore les autres parties de la province, « de sorte que, dit un contemporain, les fruits de la terre, qu'es-
» toient en fort belle apparence, se recongnurent quasi perdus, tant les foins que
» les fromens et aussi les vignes ; à raison de quoy le froment commença à se
» vendre la moitié plus de ce qui se vendoit auparavant ou à peult près, de ma-
» nière que c'estoit une grande misère de voir le pauvre peuple en la peine où
» il estoit, lequel se mit en debvoir de rechercher le vray moyen pour y remé-
» dier, qui fut à prières et à oraisons à Dieu, par processions qu'ils firent, et
» mesme en ceste cité de Besançon, le mercredi dix-neufvième jour de juillet
» dudict an, se fit une procession générale où fut porté le précieux sainct Suaire (2)
» dès l'église monsieur Sainct-Estienne jusques au Pilory par Monsieur l'évesque
» de Lozanne, à laquelle assistèrent en très grande dévotion et en bon ordre,
» non-seulement les sieurs gouverneurs et vingt-huit de la cité, mais aussi tout
» le peuple. La procession retorna en ladite église de monsieur Sainct-Etienne,
» en laquelle fut dite et célébrée la saincte messe par ledit sieur évesque avec une
» prédication faicte par monsieur le chanoine d'Orival, et la messe parachevée, fut

---

(1) La tour ou plutôt la forteresse de *Vayte* était sur la place Labourée, au joignant du bâtiment de l'ancienne mairie. Tout a été rasé pour l'établissement de la place actuelle.

(2) Lorsque de grandes calamités affligeaient cette ville ou la province de Franche-Comté, on portait processionnellement le saint Suaire, et ses effets, dit-on, étaient admirables. Quand l'archevêque de Besançon obtenait que le coffre qui renfermait cette précieuse relique fût descendu, les chanoines de Saint-Etienne ne consentaient à ce qu'il sortît de leur église qu'après beaucoup de formalités et de précautions.

» montré au peuple ledit sainct Suaire. Dès lors les pluies commencèrent à cesser. » Chronique du XVIe siècle, par Jean Bonnet, citoyen de Besançon, insérée au tome Ier, p. 257, des *Mémoires et Documents inédits pour servir à l'histoire de la Franche-Comté.*

1651. — Décembre. Les eaux du Doubs, à Besançon, s'élèvent à une telle hauteur que plusieurs quartiers de la ville deviennent impraticables. Les églises des Cordeliers et du Saint-Esprit furent si remplies d'eau qu'il y en avait jusque dessus les autels. Toutes les caves de la ville furent inondées, ce qui fut la cause que beaucoup de vin se gâta. (Le P. PROST, de la compagnie de Jésus, *Hist. de Besançon*, manusc. à la bibl. de Besançon, p. 629.)

1711. — Du 15 février à la fin de mars, les rivières débordèrent cinq fois avec tant de violence, que de mémoire d'homme l'on n'a vu les eaux du Doubs si hautes. Deux des arcades du pont de Besançon étaient bouchées, et il n'y avait que les deux du milieu où il manquait peut-être un pied qu'elles ne fussent remplies. Ces débordements ont causé de grands ravages dans la campagne, ayant renversé et emmené quantité de maisons et moulins qui étaient sur les rivages, avec tous les meubles que l'on voyait flotter sur l'eau. (Le P. PROST, man. déjà cité, p. 781 et 782.)

1760. — Débâcle considérable sur le Doubs, qui entraîna les arrêts pour les bois de flottage, le pont de bois de Bregillo, et dégrada la digue du moulin Saint-Paul à Besançon. (Mém. mss. de Normand, ingénieur des ponts et chaussées, attaché au service de la Franche-Comté. Archives de l'empire, liasse F 14, 1201.)

1770, 27 juillet. — Inondation subite et générale dans la vallée du Doubs. Eu égard à l'époque où elle se produit, elle cause de grands embarras à la boulangerie, qui ne peut faire d'approvisionnements, attendu la destruction des récoltes, et qui d'ailleurs ne peut convertir les blés de réserve en farine.

Ce double inconvénient force l'administration de Besançon à faire des visites domiciliaires pour s'assurer de l'état des subsistances ; elle porte ses investigations jusque dans les maisons religieuses. L'administration indemnisa les boulangers, qui furent obligés d'aller moudre dans la vallée de l'Ognon.

Les hauteurs de cette inondation, recueillies par le maire de Besançon en 1770, montrent que la crue des eaux dépassa de $0^m26$ la crue du 13 septembre 1852. (*Note communiquée* par M. Babey, archiviste de la préfecture du Doubs.)

1778, 25 octobre. — Crue lente et mesurée de la rivière du Doubs. Ce qui précipita le désordre sous les murs de Besançon, c'est le désastre produit à Rivotte (port au bois à l'entrée de la ville). Les amarres qui coupaient la rivière ayant été rompues, le bois flotté, dont la masse dépassait 4,000 cordes, se précipite comme une avalanche sur les ponts et les moulins qu'elle entraîne ou endommage. La ville est aussitôt envahie ; les poternes vomissent l'eau à torrent dans les rues et sur les places, et dans la partie nord-est de la ville, la circulation n'a plus lieu qu'en barques. (Maurice CHAMPION, ouvrage cité, t. IV, p. 72.)

1789. — Dans la nuit du 26 au 27 janvier, une crue presque subite se manifeste sur le Doubs. A Besançon, les eaux touchaient la maison de l'angle de la rue de la Bouteille, située à environ 100 toises de la rivière. Cette circonstance indique que le quart environ de la ville, sur la rive gauche, fut inondé. Le pont de Bregillo fut emporté et les moulins gravement avariés. Les casernes situées près de la porte de Bregillo furent évacuées, et après desséchées par le feu. (Maurice CHAMPION, ouv. cité, t. IV, p. 78.)

1802. — Depuis les vendanges de 1801 jusqu'au jour de l'an 1803, il n'a cessé de pleuvoir. Tant que ç'a été de la neige en montagne, l'eau n'a pas crû, mais depuis le premier jour de l'an, le vent, devenu très chaud, a fait fondre les neiges. Alors le Doubs a débordé de tous côtés et a occasionné, tant dans la ville de Besançon que dans les villages qui en sont près, une perte des plus considérables. La rivière a entraîné des moulins en plusieurs endroits; on a vu descendre des meubles de toute espèce, des bœufs, des cochons, de grands arbres tout entiers, et enfin la grande quantité de bois de toute espèce a entraîné le pont de Bregille, qui est descendu tout droit, comme s'il eût encore été en place, jusqu'à l'écluse de Saint-Paul, où il a culbuté et s'est brisé contre le pont de Battant avec un fracas épouvantable. L'eau est montée plus haut que la fontaine du collège. Elle passait avec une grande force de la rue Basse à la rue Poitune, et il fallait une barque ou des voitures pour aller du faubourg de la Madeleine à la Grande-Rue: elle est montée cette fois sept pouces plus haut qu'en 1789. (Extrait d'une chronique manuscrite rédigée jour par jour par un catholique, citoyen de Besançon (Jean-Etienne Laviron). — Copie déposée à la bibliothèque du chapitre métropolitain de Besançon.)

1831, 6 septembre. — Par suite des pluies torrentielles tombées les 3, 4 et 5 de ce mois, le niveau de la rivière du Doubs, à Besançon, dépasse les hautes eaux des crues de 1789. On doit en conclure que, si les barrages de Saint-Paul et de Chamars eussent encore existé, la plus grande partie des rues de la ville auraient été inondées. Les pertes résultant de cet événement sont considérables; beaucoup de regains, de marchandises aux abords du canal, des ustensiles, des bois de construction, des bois de chauffage, etc., sont enlevés par les débordements; les caves de la ville se remplissent d'eau, etc. Cette inondation excite l'étonnement dans une saison où les eaux sont toujours basses. (*Annuaire du Doubs*, année 1832.)

1852, 18 septembre. — Crue extraordinaire de la rivière du Doubs, attribuée aux pluies abondantes qui sont tombées principalement sur une zone comprise entre le Doubs et l'Ognon, se prolongeant jusqu'au Rhin, entre Bâle et Strasbourg. A Besançon, la crue a atteint sa plus grande élévation vers minuit, dans la nuit du 18 au 19. Les eaux, observées près de la porte Malpas, étaient à ce moment à environ 0m24 en contrebas de la partie la plus élevée du dessus du parapet touchant ladite porte (côté de la ville). La vitesse des eaux du Doubs, entre le moulin de Tarragnoz et la porte Malpas, d'après leur pente à la surface de ces deux points, et d'après leur section prise au bac établi un peu plus bas que ledit moulin, était d'environ 5 mètres par seconde, et le débit d'environ 2,640 mètres cubes, également par seconde. (Rapport de M. Bolot, ingénieur ordinaire chargé du service hydraulique du Doubs, en date du 7 octobre 1852.)

M. l'ingénieur Bolot a en outre indiqué, sur un plan de Besançon, à la date du 29 novembre 1852, la crue du Doubs à sa hauteur *maxima* (environ minuit le 18-19 septembre 1852). Nous donnons ci-après quelques-unes de ses observations.

| | ALTITUDES au-dessus du niveau de la mer | |
|---|---|---|
| | De la crue. | Des points de repère. |
| Couronnement de l'angle saillant de la culée aval du pont-levis construit pour le service de la navigation, entre la rivière du Doubs et le rocher de la Porte-Taillée . . . . . . . . . . . . . . . . . . . | 249m 60c | 248m 39c |
| Sur le cordon à l'angle saillant (côté aval) de la culée de gauche du pont de Bregille . . . . . . | 248 85 | 249 49 |

|  | ALTITUDES au-dessus du niveau de la mer ||
|---|---|---|
|  | De la crue. | Des points de repère. |
| Repère gravé contre la façade (côté du canal) du bâtiment du moulin Saint-Paul . . . . . . . . . . | 248 19 | 248 19 |
| Repère gravé contre le mur vertical (côté de la route) qui entoure le puits amont d'amarre de la culée de gauche du pont suspendu . . . . . . . . . | 248 40 | 248 40 |
| Sur le cordon du pont de la Madeleine (de Battant), au joignant de l'angle nord du piédestal de la croix établie sur ce pont, 0m39 au-dessous du socle de cette même croix . . . . . . . . . . . . . . | 247 28 | 249 42 |
| Seuil en pierre de la porte Notre-Dame, joignant le pont-levis, ainsi que le jambage de droite en sortant de la ville . . . . . . . . . . . . . . | 244 53 | 244 63 |
| A l'extrémité du parapet de la route, à 3m (côté de Besançon) de la porte Malpas . . . . . . . . | 243 73 | 243 97 |

*Nota.* Dans le calcul des altitudes ci-dessus, on a admis que le couronnement du bajoyer du sas Saint-Paul, contre le chardonnet d'amont, se trouvait à 245m48 au-dessus du niveau de la mer. Cette cote est celle qui a été déduite par M. l'ingénieur Kornprobst des opérations faites par MM. les officiers de l'état-major pour la carte de France.

### N° 3.

*Extrait d'un mémoire intitulé :* Les Femmes littéraires de Franche-Comté, *par M.* TERRIER DE LORAY (1).

Mme de Montrond, devenue veuve, dépouillée de la plus grande partie de sa fortune, revint en 1799 se fixer à Besançon, où elle ne cessa plus de résider. Elle s'y trouvait pendant le blocus de 1814 et mérita bien de notre cité dans une occasion dont notre population ne doit pas perdre le souvenir. Le commandement de la ville assiégée était confié à un général connu par ses qualités militaires et qui, résolu à user de toutes les ressources de la défense, avait dessein de détruire le pont qui relie le quartier Battant à la partie principale de la ville. Qui aurait le plus souffert de cette division contre nature ? Je ne sais, car il me semble aussi difficile de concevoir Besançon sans son annexe de Battant que celle-ci sans la vieille ville. Quoi qu'il en soit, une grande agitation s'empara des esprits, sans différence de bannières, lorsqu'on apprit que la défense de la cité allait être scindée et Jacquemart (2) livré aux Allemands. Sur ces entrefaites, on vit circuler dans la population et on mit sous les yeux de Marulaz une lettre de Fénelon fort peu connue, et qui traçait les règles à suivre par un commandant de place, dans des circonstances analogues à celles où l'on

---

(1) Voir le recueil des *Mémoires publiés par l'Académie de Besançon*, séance du 30 janvier 1862, pages 26 et 27.

(2) Le nom de ce personnage, célèbre dans l'histoire de Battant et lieux circonvoisins, n'est point un nom propre et personnel, mais un terme générique et commun à tous les fonctionnaires du même rang qui trônent de temps immémorial sur les beffrois de nos antiques cités. (Voir, au reste, le *Dictionnaire de l'Académie*, au mot *Jaquemart*.)

se trouvait. « Monsieur le commandant, écrivait le saint prélat, malgré la diffi-
» culté des communications, j'ai reçu la lettre où vous me demandez de vous
» exposer la différence entre la défense d'une ville assiégée et celle d'une ville
» bloquée ; et, ce qui me touche le plus, c'est que vous me dites que ce n'est
» pas à l'auteur de *Télémaque*, qui s'est mêlé de politique, mais à l'archevêque
» de Cambrai que vous demandez la solution de cette question. Comme on ne
» se sépare point aisément de soi-même, il est possible qu'en voulant n'être
» que religieux, je me montre un peu politique..... » Fénelon, ou plutôt
M<sup>me</sup> de Montrond, qui avait usurpé l'autorité de son nom, concluait, bien entendu,
à la conservation du pont de Battant. Cette pièce de littérature obsidionale fut
regardée comme étant de bon aloi, et Marulaz, qui y reconnut la logique et
l'onction du saint archevêque de Cambrai, renonça à son projet.

BESANÇON, IMPRIMERIE DE J. JACQUIN.

www.ingramcontent.com/pod-product-compliance
Lightning Source LLC
Chambersburg PA
CBHW060925050426
42453CB00010B/1869